A2

Deutsch

Friederike Wilhelmi

Ein Rap für Maja

LEKTÜRE FÜR JUGENDLICHE
MIT AUDIOS ONLINE

Hueber Verlag

Cover: © Getty Images/E+/zoranm
Illustrationen: Cornelia Seelmann, Berlin

Einen kostenlosen MP3-Download zu diesem Titel finden Sie unter
www.hueber.de/audioservice.

Sprecher: Claus-Peter Damitz
Produktion: Scheune München mediaproduction GmbH

4. 3. 2. | Die letzten Ziffern
2030 29 28 27 26 | bezeichnen Zahl und Jahr des Druckes.
Alle Drucke dieser Auflage können, da unverändert, nebeneinander benutzt werden.
1. Auflage

Umschlaggestaltung: Sieveking Agentur, München
Layout und Satz: Sieveking Agentur, München
Redaktion und Projektleitung: Heike Birner, Hueber Verlag, München
Lektorat: Veronika Kirschstein, Lektorat und Projektmanagement, Gondelsheim
GPSR-Kontakt: Hueber Verlag GmbH & Co. KG, Baubergerstraße 30,
80992 München, kundenservice@hueber.de
Druck und Bindung: Friedrich Pustet GmbH & Co. KG, Gutenbergstraße 8,
93051 Regensburg, technik@pustet.de
Printed in Germany
ISBN 978-3-19-288580-8

Art. 530_27531_001_02

Inhalt

Track	Titel	Seite
	Wer ist wer?	4
01	Kapitel 1: Aller Anfang ist schwer	6
02	Kapitel 2: Prinzessin Europa	12
03	Kapitel 3: Der 100-Euro-Schein	16
04	Kapitel 4: Ein Loch im Geldbeutel	21
05	Kapitel 5: Mut tut gut	25
06	Kapitel 6: Ein Rap für Maja	35
07	Übungen zu „Wer ist wer?" und Kapitel 1	42
08	Übungen zu Kapitel 2	43
09	Übungen zu Kapitel 3	44
10	Übungen zu Kapitel 4	45
	Übungen zu Kapitel 5	46
11	Übungen zu Kapitel 6	47
	Lösungen	48

Das Hörbuch zur Lektüre und die Tracks zu den Übungen stehen als kostenloser MP3-Download bereit unter www.hueber.de/audioservice.

Wer ist wer?

Kesete kommt aus Eritrea. Er ist vor drei Jahren ohne seine Familie nach Deutschland gekommen. Kesete ist 17 Jahre alt und geht in die 9. Klasse. Er möchte später einmal ein berühmter Rapper werden. Kesete wohnt zusammen mit seinem Freund David in dem Wohnprojekt der Jugendhilfe in der Baumstraße 12.

David kommt aus Deutschland. Seine Eltern sind vor zwei Jahren bei einem Unfall gestorben. Deshalb teilt er sich mit Kesete ein Zimmer im Wohnprojekt. David ist sehr gut in der Schule und seine Muttersprache ist Deutsch. Er kann Kesete super helfen, wenn er einen neuen Rap schreibt. David ist 16 Jahre alt, meistens gut drauf und sehr sportlich.

der Rapper: er singt einen Rap (sehr modernes Lied mit viel Text)

das Wohnprojekt der Jugendhilfe: hier wohnen Jugendliche ohne Eltern

gut drauf sein: wenn man Spaß hat

Gerda wohnt im Nachbarhaus von Kesete und David. Sie ist 68 Jahre alt und hilft den Jugendlichen aus dem Wohnprojekt. Kesete zum Beispiel gibt sie Nachhilfe in Geschichte. Und Kesete geht oft für Gerda einkaufen und hilft ihr im Haushalt, weil sie nicht mehr so gut laufen kann. Gerda hat ein großes Herz und immer ein Stück Kuchen auf dem Tisch.

Maja ist Gerdas Enkelin. Sie ist 17 Jahre alt und wohnt mit ihren Eltern außerhalb der Stadt. Maja besucht ihre Oma oft. Vor drei Monaten hat sie dort Kesete kennengelernt.

Herr Akman wohnt im Haus von Kesete und David. Er ist 70 Jahre alt und ein sehr freundlicher Herr. Vor 55 Jahren ist er mit seinen Eltern aus der Türkei nach Deutschland gekommen.

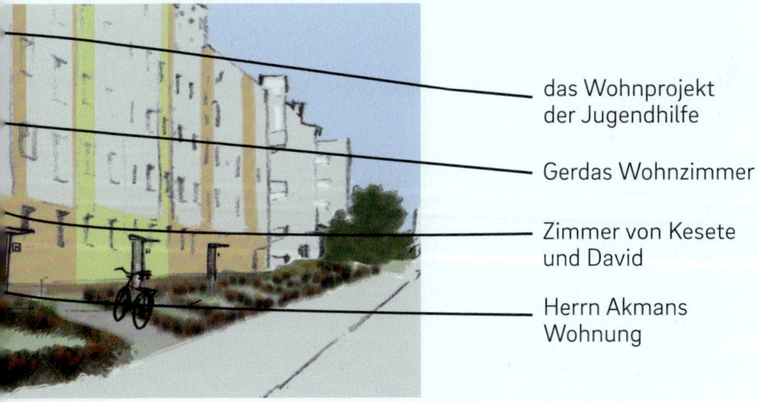

---

die Nachhilfe: Hilfe für Schüler beim Lernen

01

Kapitel 1: Aller Anfang ist schwer

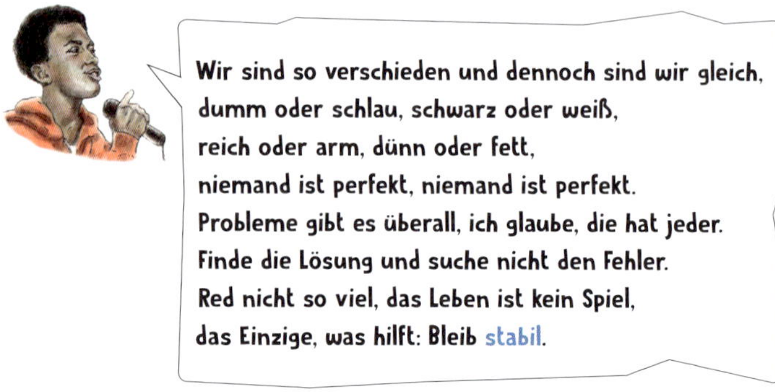

Kesete steht vor dem Spiegel und übt seinen neuen Rap. Das macht er fast jeden Nachmittag, wenn er mit den Hausaufgaben fertig ist. Denn Kesete möchte Rapper werden. Ein richtig guter und berühmter Rapper. Drei Songs hat er schon ins Internet gestellt, aber nur sehr wenige Menschen haben sie sich angehört. Das muss anders werden. Mit dem neuen Rap muss endlich der Erfolg kommen. Deshalb übt Kesete sehr fleißig.

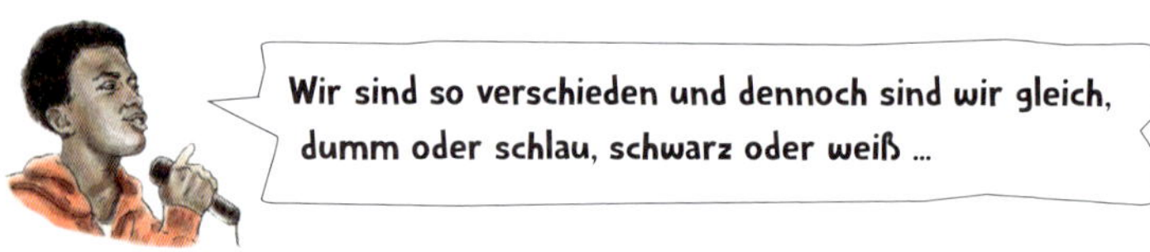

David kommt vom Fitnesstraining nach Hause. Laut lässt er seine schwere Tasche auf den Boden fallen und setzt sich auf das Bett. Kesete und David teilen sich ein Zimmer.

---

stabil: (hier Jugendsprache): cool

der Song: Lied / Rap

der Erfolg: man hat etwas gut gemacht und es gefällt anderen

Das klappt prima, denn sie lieben die gleiche Musik und helfen sich, wenn es Probleme gibt. Außerdem leben beide ohne Eltern. Davids Eltern sind bei einem Verkehrsunfall gestorben und Kesetes Familie lebt über 6.000 km weit weg. Da ist es gut, dass der eine den anderen hat. Sie sind fast wie Brüder, fast wie eine kleine Familie.

Hi Kesete, der neue Rap hört sich gut an.
Ich habe dich schon draußen auf der Straße gehört.

Echt? Danke. Was glaubst du? Wird er ein Erfolg?

Kann schon sein. Aber wenn wir ihn wieder mit deinem alten Handy aufnehmen, wird das nichts.

Ich weiß.

Jetzt schau nicht so traurig. Wie viel kostet eine Aufnahme in einem Tonstudio?

---

aufnehmen: 🎙

die Aufnahme: wenn man etwas aufnimmt

das Tonstudio: dort macht man Aufnahmen

50 Euro pro Stunde. Und ich würde gern alle vier Raps aufnehmen. Wenn ich für jeden Rap eine Stunde brauche, kostet es 200 Euro.

Ich habe schon 40 Euro gespart. Und du?

60. Fehlen uns noch genau 100 Euro.

Das schaffen wir. Wir müssen einfach weiter sparen und Geduld haben.

die Geduld: wenn man gut warten kann

Geduld! Das ist gar nicht so einfach, denkt Kesete. Er bekommt ein bisschen Geld, aber das braucht er für Lebensmittel, Miete und Kleidung. Außerdem muss er jeden Monat Geld zu seiner Familie nach Eritrea schicken. Da kann er kaum etwas sparen.
Wenn er mit seiner Mama telefoniert, fühlt Kesete sich immer schlecht, weil es ihm hier in Deutschland viel besser geht als ihr und seinen Geschwistern. Seine Mama ist mit seinen jüngeren Geschwistern allein in Eritrea. Sie leben in einer kleinen Hütte. Das Dach ist kaputt, es gibt kein Badezimmer, keine Toilette und das Trinkwasser ist schmutzig. Hier in Deutschland hat er alles. Sogar sauberes Wasser. Und noch besser: Er kann in die Schule gehen! Es ist Kesetes größter Wunsch, dass es bald auch seiner Familie besser geht. Dafür braucht er Geld und deshalb übt er so viel, denn berühmte Rapper sind reich. Sehr reich! Das weiß er aus dem Internet. Es ist ihm egal, dass sein Betreuer ihm das nicht glaubt. Der wird schon sehen!

Bist du dir sicher, dass sich die Songs besser anhören, wenn wir sie in einem Tonstudio aufnehmen?

Ja, klar! Viel besser als mit dem alten Handy. Dann machen wir noch ein kleines Video dazu. Du weißt, dass ich das gut kann. Und dann werden die Leute deine Songs liken.

die Hütte: sehr kleines Haus

der Betreuer: passt auf Kinder und Jugendliche auf

liken: (im Internet): man sagt „gefällt mir“

Noch 100 Euro! Das ist schrecklich viel Geld. Das dauert mindestens ein halbes Jahr, bis wir das gespart haben.

Na und? Besser in einem halben Jahr als gar nicht.

Stimmt, denkt Kesete. Typisch David. Er denkt immer positiv.

Weißt du was? Du bist der tollste Freund auf der ganzen Welt.

Und du bist der beste Rapper auf der ganzen Welt. Die Leute wissen es nur noch nicht.

Kesete muss lachen. Wenn David in der Nähe ist, kann man nicht traurig sein.

Wenn ich berühmt bin und Konzerte gebe, kommst du immer mit.

Na klar. Jetzt helfe ich dir beim Schreiben und später bin ich dein Manager. Dann reisen wir durch die ganze Welt.

der Manager: er organisiert alles

Es klopft an der Wand von Kesetes Bett. David muss lachen.

Gerda ruft zur Nachhilfe. Das ist wirklich praktisch, wenn man direkt neben der Nachhilfelehrerin wohnt.

Kesete schaut auf die Uhr an der Wand.

Oje, es ist schon fünf Uhr. Ich muss mich beeilen.

Kesete packt das Geschichtsbuch, sein Heft und einen Stift in seine Schultasche.

Ist Maja bei Gerda?

Wenn Kesetes Hautfarbe nicht dunkel wäre, würde er jetzt rot werden. Maja ist Gerdas Enkelin und sie ist oft bei ihrer Oma zu Besuch. Sie hat große, braune Augen, schöne, lange Haare und kein Song auf der ganzen Welt ist so schön wie Majas Lachen. Kesete hofft sehr, dass Maja dort ist, aber das gibt er nicht zu und sagt so cool wie möglich:

Keine Ahnung.

---

zugeben: man will etwas eigentlich nicht sagen, aber man tut es und es ist nicht leicht

02

Kapitel 2: Prinzessin Europa

Kesete muss nur die zwei Stockwerke in seinem Haus runtergehen, dann zehn Meter nach links und in dem Haus nebenan wieder in den 2. Stock rauflaufen. Da ist Gerdas Wohnung. Jetzt ist er oben, er riecht schon den frischen Kuchen und freut sich: Gerdas Kuchen schmecken wunderbar und sie hat fast immer einen gebacken, wenn er zur Nachhilfe kommt. Die Tür steht schon offen. Kesete ruft laut:

Hallo Gerda, ich bin's.

Komm rein, mein Junge, die Tür ist offen.

Kesete geht in die Küche. Dort stehen auf dem Tisch schon zwei Teller, zwei Tassen und in der Mitte ein runder Schokoladenkuchen. Er setzt sich an den Tisch.

Gerda, du bist die Beste!

Ach, Unsinn! Wir können nur viel besser lernen, wenn wir Kuchen im Bauch haben.

Kesete überlegt kurz. Über Gerdas Kuchen kann man doch bestimmt einen kleinen Rap machen.

Ist im Bauch ein Kuchen,
muss ich nicht lange suchen.
Auf alle schweren Fragen
weiß ich dann was zu sagen.

Gerda lacht.

Aus dir wird mal ein ganz großer Sänger.

Jeder isst ein großes Stück Schokoladenkuchen und trinkt einen Kaffee. Danach sprechen sie über die deutsche Geschichte. Kesete schreibt nächste Woche einen Geschichtstest und hat vieles noch nicht verstanden. In der Schule sprechen sie gerade über die Europäische Union und bei den vielen Jahreszahlen und Namen tut ihm der Kopf weh. Zum Glück ist Gerda eine sehr gute Erzählerin. Ihr Geschichtsunterricht ist spannender und interessanter als ein Krimi. Am Ende erzählt sie ihm noch die Geschichte, warum Europa Europa heißt:

Vor 3000 Jahren hat der griechische Gott Zeus von einer besonders schönen Prinzessin gehört. Sie hat auf der anderen Seite des Meeres gelebt. Er wollte sie unbedingt kennenlernen. Deshalb ist er zu ihr gereist. Er hat sich sofort in sie verliebt und sie nach Griechenland mitgenommen. Ihr Name war Europa.

Gott Zeus: der wichtigste Mann in einer sehr alten, griechischen Geschichte

die Prinzessin: ihren Eltern gehört ein ganzes Land

Er hat sie so sehr geliebt, dass er dem ganzen Kontinent den Namen Europa gegeben hat. Deshalb gibt es auf allen Euro-Geldscheinen ein kleines Bild von ihr.

Das ist eine lustige Geschichte. Weißt du, ob Afrika auch eine Frau war?

Nein, das weiß ich nicht, aber das ist eine interessante Frage.

Draußen ist es schon dunkel geworden.

Jetzt müssen wir aber aufhören. Gleich kommt Maja. Ich will noch etwas kochen. Möchtest du zum Abendessen bleiben?

---

ein Kontinent: ein Teil der Welt; es gibt fünf Kontinente

Kesetes Herz klopft ihm bis zum Hals. Maja kommt! Natürlich will er bleiben. Nichts lieber als das! Und dann lächelt Gerda auch noch breit und sagt:

Mir fällt auf, dass Maja in letzter Zeit sehr oft kommt. Ich glaube, das liegt an dir.

Jetzt klopft Kesetes Herz noch lauter. Er hat Angst, dass Gerda es hört. Das will er auf keinen Fall. Deshalb räumt er schnell seine Sachen zusammen und steckt seinen Kopf tief unter den Tisch. Dort steht seine Schultasche. Er muss schnell an die frische Luft und sich beruhigen.

Ich bleibe gern. Soll ich noch was einkaufen?

Das wäre nett. Schau, ich habe schon einen Einkaufszettel geschrieben. Und hier hast du 20 Euro. Das ist genug.

Kesete nimmt den Geldschein und die Einkaufsliste und rennt die Treppe runter. Er will unbedingt jede Sekunde mit Maja zusammen sein. Deshalb rennt er so schnell er kann zum Einkaufsladen.

---

lächeln: ein freundliches Gesicht machen

sich beruhigen: ruhig werden

03 Kapitel 3: Der 100-Euro-Schein

Kesete geht oft für Gerda und natürlich auch für sich selbst einkaufen, deshalb kennt er den Laden schon sehr gut und findet schnell alle Sachen von Gerdas Liste. Er steht mit seinem Einkaufswagen an der Kasse und wartet. Plötzlich sieht er einen 100-Euro-Schein auf dem Boden unter dem Regal mit den Bonbons liegen. Vor ihm stehen noch zwei Leute. Ein Mann bezahlt gerade seine Lebensmittel an der Kasse und eine Frau schaut auf ihr Handy. Hinter ihm steht niemand. Und keiner sucht etwas. Keiner sucht einen 100-Euro-Schein. Nur er sieht ihn. Wieder schlägt sein Herz bis zum Hals. Diesmal aber nicht wegen Maja.

100 Euro! Ich brauche genau 100 Euro für die Tonaufnahmen. Wenn ich jetzt … Nein … Das darf ich nicht! Ich kann das Geld nicht einfach nehmen. Ich muss es an der Kasse abgeben.

Kesete hebt es auf. Die Frau vor ihm spricht jetzt mit der Kassiererin. Die beiden lachen. Keiner hat gesehen, dass er das Geld genommen hat.

Vielleicht sollte ich das Geld doch nicht abgeben. Niemand sucht es, alle sind gut drauf, unterhalten sich, lachen sogar. Und ich brauche das Geld. Dringend!

Unauffällig steckt Kesete den Geldschein in seine Hosentasche. So einen großen Geldschein hatte er noch nie! Kesete bekommt kaum Luft, so aufgeregt ist er. Die 100 Euro fühlen sich heiß an, wie Feuer.
Er bezahlt die Lebensmittel, seine Hand zittert. Aber die Kassiererin merkt nichts. Sie lächelt Kesete freundlich an, denn sie kennt ihn schon und sie mag ihn, weil er Gerda hilft und immer sehr freundlich ist.
Draußen holt Kesete tief Luft. Wenn in dem Einkaufsladen jemand etwas gemerkt hätte, hätte er ein Problem gehabt. Mit den Verkäufern, mit Gerda und wahrscheinlich sogar mit der Polizei.
Schnell geht er nach Hause. Zu Hause angekommen fällt ihm ein, dass er Gerda noch die Lebensmittel bringen muss. Und dort ist Maja und sie wollten zusammen kochen und essen.

aufheben: → S. 16

unauffällig: niemand sieht es

zittern: wenn man z. B. friert oder Angst hat

Mit dem Geldschein in der Hosentasche kann ich nicht mit Maja und Gerda zusammen sein. Und wenn ich den Geldschein erst in mein Zimmer bringe, ist es auch nicht besser. Jetzt habe ich die 100 Euro. Aber ich fühle mich trotzdem nicht gut.

Kesete weiß nicht mehr, was und wie er denken und fühlen soll. In seinem Kopf ist Chaos. Er weiß nur noch eins: Er muss Gerda die Lebensmittel bringen. Also geht er rüber und klingelt. Maja öffnet die Tür. Die schöne Maja!

Hallo, Kesete. Schön, dich zu sehen.

Hallo.

Mehr kann Kesete nicht sagen. Er gibt ihr die Einkaufstüte.

Kommst du nicht rein?

Ich ... ich ... also leider kann ich doch nicht mitessen.

Warum? Was ist passiert?

---

trotzdem: eigentlich muss er sich gut fühlen, aber er tut es nicht

Er dreht sich um und geht weg. Auf halber Treppe fällt ihm ein, dass er Gerdas Restgeld noch in der Hand hat. Schnell rennt er wieder nach oben. Maja steht noch in der Tür. Sie schaut traurig und Kesete gibt ihr das Geld.

Mehr sagt Maja nicht. Sie ist enttäuscht. Das tut Kesete schrecklich leid, aber er kann es nicht ändern. Nicht mit dem 100-Euro-Schein in seiner Hosentasche. Er dreht sich wieder um und geht schnell rüber in sein Zimmer.

---

sich umdrehen: zurückgehen

das Restgeld: wenn man zu viel Geld gibt, bekommt man Restgeld zurück

enttäuscht: traurig

Weiß auch nicht. Vielleicht der Geschichtstest. Ich gehe am besten gleich ins Bett.

David schaut irritiert. Kesete hat bisher keine einzige Minute verpasst, die er mit Maja zusammen sein konnte.

David weiß, dass ich lüge. Heute habe ich zwei Menschen enttäuscht. Alles wegen eines Geldscheins.

Kesete zieht sich aus, holt unauffällig den 100-Euro-Schein aus der Hosentasche und legt sich mit dem Gesicht zur Wand ins Bett. Jetzt kann David nichts sehen.
Lange betrachtet er den Schein. Er ist grün und weiß und auch ein bisschen blau. Und tatsächlich: Da ist das Gesicht von Europa, der schönen Prinzessin.

Morgen rufe ich im Studio an und mache einen Termin ...

Kesete denkt an seine Zukunft. Erst viele Klicks auf seine Videos, dann kleine und später große Konzerte. Und in sieben oder acht Monaten hat er genug Geld. Dann kann seine Familie in Eritrea das Dach reparieren. Aber die ersten 100 Euro wird er unter das Regal im Supermarkt legen. Er hat für das Geld nicht gearbeitet. Er hat es sich nur geliehen. Mit diesem Gedanken schläft er ein.

---

irritiert: wenn man sich fragt: Was ist los?

betrachten: etwas genau ansehen

der Gedanke: was man denkt

Kapitel 4: Ein Loch im Geldbeutel

Am nächsten Morgen ruft Kesete sofort im Studio an und bekommt für den nächsten Nachmittag einen Termin. Dann versteckt er den 100-Euro-Schein unter seiner Matratze. Er weiß, dass David das Geld nicht nehmen würde, trotzdem versteckt er es. Er hat Angst, dass David Probleme machen könnte, wenn er das Geld sieht. Und Kesete will nicht diskutieren. Er weiß selbst, dass man nicht klauen darf. Und er fühlt sich schon schlecht genug. Da braucht er nicht auch noch Streit mit David. Im Gegenteil. Er will sich jetzt auf das Tonstudio freuen.

Nach der Schule gehen David und Kesete in den Einkaufsladen. Sie wollen für das Mittagessen einkaufen und zusammen kochen. Vor ihnen steht Herr Akman an der Kasse. Ein freundlicher Herr, der in ihrem Haus im 1. Stock wohnt. Er will bezahlen und schaut in seinen Geldbeutel.

---

verstecken: man soll etwas nicht sehen, deshalb räumt man es weg

die Matratze: → S. 8

klauen: etwas gehört einem nicht, aber man nimmt es trotzdem

Das ist sehr nett von dir, David. Ich habe gestern einen 100-Euro-Schein von der Bank geholt. Und jetzt ist er nicht mehr in meinem Geldbeutel.

Er zeigt den beiden seinen Geldbeutel. Das Fach für die Geldscheine ist leer.

Schauen Sie, Herr Akman, Ihr Geldbeutel hat ein großes Loch. Sie müssen aufpassen. Sie verlieren ihr Geld!

Ach je! Das habe ich gar nicht gesehen. Dann habe ich den Schein wahrscheinlich verloren.

Kesetes Herz klopft. Es geht ihm gar nicht gut. Er mag den alten Herrn Akman, er ist immer sehr nett zu ihm.

Ich habe die 100 Euro. Was soll ich machen? Das Studio wieder absagen und Herrn Akman das Geld bringen? Aber wie soll ich erklären, dass ich den Geldschein habe? Dann denken alle, dass ich ein Dieb bin, ein ganz gemeiner Dieb! Aber das bin ich ja auch. Oder?

Kesete ist so durcheinander, dass er gar nichts sagt.

---

absagen: man kann nicht kommen und ruft an

der Dieb: er nimmt Dinge von anderen Leuten

gemein: böse

Die Kassiererin kennt Herrn Akman gut, deshalb lässt sie ihn ohne Bezahlung mit den Lebensmitteln gehen.

Den ganzen Abend fühlt Kesete sich sehr schlecht. Er kocht mit David zusammen und sie essen auch, aber er sagt kaum etwas.

Kesete fühlt sich tatsächlich etwas krank. Sein Bauch tut weh und die Beine fühlen sich schwer an. Dabei muss er heute Abend unbedingt noch seine Songs üben. Morgen ist der große Tag. Wenn er alle vier Songs aufnehmen will, muss er sich gut vorbereiten. Sonst klappt das nicht. Also sagt er:

Nachdem er alle Songs ein paarmal gesungen hat, geht Kesete ins Bett. Das Singen hat nicht geholfen.

Im Gegenteil. Sein Herz ist so schwer wie noch nie. Er muss immer an Herrn Akman denken. Wahrscheinlich sucht er immer noch seinen 100-Euro-Schein. Kesete schläft endlich ein und hat einen Traum:

Die schöne Europa auf seinem Geldschein unter der Matratze wächst und wächst und wächst. Zuerst hebt sich die Matratze ein bisschen, dann immer schneller und immer höher. Kesete möchte aus dem Bett steigen, aber er kann nicht. Seine Beine und Arme sind steif, als wären sie aus Holz. Er bekommt Panik. Gleich ist er an der Decke und bekommt keine Luft mehr. Aber Europa wächst noch immer. Jetzt lacht sie auch noch. Plötzlich ist ihr Gesicht direkt neben ihm. Es ist überhaupt nicht schön. Die Nase ist viel zu lang und ihre Haut ist alt und rot. Er will laut schreien, aber er hat keine Stimme mehr. Jetzt ist seine Nase schon an der Decke. ‚Ich werde sterben', denkt er.

In dem Moment wacht er auf. Er zittert am ganzen Körper. Schnell holt er den Geldschein unter der Matratze hervor. Da ist sie, die schöne Europa, ganz klein und ruhig. Er legt das Geld wieder unter die Matratze und wartet bis es hell wird. Der Traum war schlimm, furchtbar, schrecklich … aber er hat das Chaos in seinem Kopf aufgeräumt und das fühlt sich gut an. Sehr gut sogar. Jetzt weiß er endlich, was er tun muss.

---

wachsen: größer werden

sich heben: etwas geht nach oben

steif: hart

die Panik: große Angst

5 ## Kapitel 5: Mut tut gut

Endlich wird es hell. Kesete hat die ganze Nacht kaum geschlafen. Trotzdem steht er auf und stellt sich unter die Dusche. Er bleibt sehr lange unter dem warmen Wasser stehen. Dann ist David vielleicht schon gegangen, wenn er zurück ins Zimmer kommt. Er will nicht wieder lügen.

Ich brauche Mut, viel Mut. Aber wie soll ich anfangen? Wie wird Herr Akman reagieren? Keiner wird mich mehr mögen. Herr Akman, Gerda, vielleicht sogar David und natürlich Maja. Maja! Sie wird mich nicht mehr sehen wollen. Aber ich muss es tun. Sonst mag ich mich selbst nicht mehr. Und das wäre am schlimmsten.

Zurück im Zimmer nimmt Kesete sein Handy und ruft im Studio an.

Hallo, hier ist Kesete, ich bin krank und muss den Termin heute leider absagen ... Ja ... ja ... ich rufe an, wenn ich wieder gesund bin. Danke.

Das wäre geschafft, aber das war auch der einfache Teil seines Plans. Jetzt kommt der schwierige.

der Mut: ↔ Angst reagieren: antworten

Er nimmt den 100-Euro-Schein in die Hand und geht in den 1. Stock. Vor Herrn Akmans Tür bleibt er stehen. Sein Herz rast und sein Mund fühlt sich schrecklich trocken an. Das ist die Angst. Kesete holt einige Male tief Luft und nimmt seinen ganzen Mut zusammen, dann klingelt er. Als er Herrn Akman kommen hört, will er schnell wieder nach oben rennen. Aber seine Beine fühlen sich viel zu schwer und steif an. Er kann sich nicht bewegen, wie in seinem Traum. Die Tür geht auf. Herr Akman sieht Kesete und lächelt freundlich.

Kakao! Wann habe ich das letzte Mal einen Kakao getrunken, fragt sich Kesete. Er weiß es nicht. Aber wenn er an das süße, warme Getränk denkt, wird sein Herz ruhiger und seine Beine leichter. Sie gehen in die Küche.

---

rasen: sehr schnell sein

sich bewegen: das macht man beim Sport

Musst du denn nicht in die Schule?

Doch, eigentlich schon, aber heute gehe ich nicht in die Schule, weil ...

Und wie geht es jetzt weiter? Kesete schluckt. Er hat Durst. Schrecklichen Durst.

Weißt du was? Wir machen jetzt erst den Kakao, dann gehen wir ins Wohnzimmer. In einem gemütlichen Sessel kann man viel besser reden.

Sie sitzen im Wohnzimmer und trinken Kakao. Ein Schluck, noch ein Schluck und noch ein ... Kesete weiß, dass er jetzt anfangen muss. Aber wie?

Dann erzähl mal. Was hast du auf dem Herzen?

Ich ... also ich ...

Kesete merkt plötzlich, dass der Geldschein in seiner Hand total zerknüllt ist. Er streicht ihn glatt und legt ihn vor Herrn Akman auf den Tisch.

- ein Schluck: wenn man trinkt, nimmt man einen Schluck
- zerknüllen: ein Papier klein drücken
- streichen: eine leichte Bewegung mit der Hand
- glatt: ↔ zerknüllt

Sind das meine 100 Euro?

Ja.

Oh, wie schön! Du hast sie gefunden. Danke! Wo waren sie?

Im Einkaufsladen unter dem Regal an der Kasse.

Du glaubst nicht, wie mich das freut! Ich habe sie schon überall gesucht. Du bekommst natürlich einen Finderlohn.

Herr Akman steht auf und holt seinen Geldbeutel aus der Manteltasche im Flur.

Das ist es! Keiner weiß, dass ich das Geld schon vor zwei Tagen gefunden habe. Wenn ich das nicht erzähle, dann bin ich plötzlich ein guter Junge, der Geld zurückbringt und kein Dieb mehr. Und ich bekomme auch noch Finderlohn. Was für eine gute Idee!

---

der Finderlohn: wenn man etwas findet und zurückgibt, bekommt man Geld

Herr Akman sitzt wieder in seinem Sessel und will Kesete einen Zehn-Euro-Schein als Finderlohn geben. Da bekommt Kesete wieder Bauchschmerzen. Er hat Angst, dass alles wieder anfängt: das komische Gefühl, das Herzklopfen, die schweren, steifen Beine und der Traum. Nein, denkt er. Schluss damit! Die Lügen machen mich noch ganz krank.

Danke Herr Akman, aber ich möchte das Geld nicht.

Aber warum denn nicht? Du hast mein Geld gefunden und es mir zurückgebracht. Wer so ehrlich ist, hat sich einen Finderlohn verdient.

Ich war aber nicht ehrlich. Ich habe das Geld schon vor zwei Tagen gefunden.

Oh! Warum hast du dann gestern mit David und mir danach gesucht?

Das ist es ja. Weil ich ...

Kesete holt noch einmal tief Luft. Dann kann er endlich alles erzählen:

---

die Lüge: wenn man lügt

ehrlich sein: nicht lügen / alles offen sagen

Ich habe es gefunden und wusste nicht, wem es gehört. Also habe ich es mit nach Hause genommen, weil ich noch genau 100 Euro für meine Studioaufnahmen brauche. Ich wollte es nicht für immer behalten, ich wollte es wieder zurücklegen, wenn ich Geld verdient habe. Und gestern haben Sie das Geld gesucht. Da wusste ich, dass es Ihre 100 Euro sind. Aber ...

Die Angst macht Kesetes Mund wieder trocken. Er nimmt einen Schluck Kakao. Aber das hilft nicht. Er muss jetzt zugeben, dass er ein Dieb ist. Ein ganz gemeiner Dieb! Jetzt! Aber er kann nicht.
Es ist einige Minuten still im Wohnzimmer. Schrecklich still. Kesete wird ganz heiß. Dann endlich hilft ihm Herr Akman, er fragt leise:

Aber du konntest es nicht sagen, weil du es gerne behalten wolltest?

Ja. Genau so war es. Aber ich habe mich nicht gut gefühlt. Ich wollte es behalten, weil ich so gern Geld verdienen will mit meinen Liedern. Und dafür brauche ich gute Studioaufnahmen. Ich muss meiner Familie dringend Geld schicken. Sie leben in Eritrea in einem Haus mit einem kaputten Dach und das ist kein schönes Gefühl. Mir geht es so gut hier in Deutschland und ihnen geht es schlecht. Es soll ihnen auch gut gehen, wie mir. Deshalb habe ich das Geld behalten.

---

still: ruhig; man hört nichts

Jetzt ist alles draußen. Auch wenn Herr Akman böse auf ihn ist – egal. Kesete fühlt sich viel, viel besser. Er sieht Herrn Akman an. Lächelt er? Aber ja! Herr Akman lächelt!

Ich verstehe.

Stille. Herr Akman schaut auf den Boden vor seinen Füßen, trinkt von seinem Kakao und lächelt noch immer.

Mit fünfzehn Jahren bin ich mit meinen Eltern aus der Türkei nach Deutschland gekommen. Am Anfang habe ich die Sprache nicht verstanden und in der Schule haben alle über mich gelacht. Da bin ich nicht mehr in die Schule gegangen. Meinen Eltern habe ich nichts erzählt. Sie hatten eigene Sorgen. Ich wollte ihnen nicht auch noch meine Probleme erzählen. Der Direktor hat dann bei uns angerufen und mein Vater war sehr böse auf mich. Er hat mich geschlagen und mich einen Lügner genannt.

Oh, das tut mir leid.

Ach, das ist lange her. Ich erzähle dir die Geschichte, weil ich mich noch gut an alles erinnern kann. Wenn man mit einer Lüge lebt, ist das nicht schön.

---

die Stille: wenn es still ist

schlagen: mit der Hand wehtun

der Lügner: jemand lügt

Das stimmt. Ich war gestern den ganzen Tag gar nicht gut drauf und meine Beine waren total schwer.

Man nennt das ein schlechtes Gewissen. Das macht das Herz und den ganzen Körper schwer wie Blei.

Das kenne ich.

Aber heute hast du gezeigt, dass du sehr viel Mut hast.

Mut? Warum?

Du hättest das Geld auch für das Tonstudio ausgeben können, aber du bist zu mir gekommen. Du hast mir alles erzählt und mir das Geld gegeben. Du hast nicht gewusst, wie ich reagiere. Das war mutig.

Danke, Herr Akman, Sie sind so nett. Vielen Dank, dass Sie nicht böse auf mich sind.

Das bin ich nicht und weißt du auch warum?

---

das schlechte Gewissen: man weiß, dass man einen Fehler gemacht hat

das Blei: ein sehr schweres Metall

mutig: wenn man Mut hat

Nein.

Weil dir dein Gewissen wichtiger ist als Geld. Das mag ich.

Kesete holt tief Luft. Jetzt geht es ihm wieder gut.

Aber du musst etwas für mich tun.

Was?

Du kochst für mich heute Abend ein Essen aus deiner Heimat für vier Personen.

Na klar.

Weil ich meine 100 Euro nicht mehr hatte, konnte ich viele Sachen für das Essen nicht einkaufen. Und es kommen Gerda und Maja zu Besuch.

Bei dem Namen Maja schaut Kesete Herrn Akman mit großen Augen an.

Was ist los? Magst du Maja nicht?

Ganz im Gegenteil.

Und weil Herr Akman ein so netter und freundlicher Mensch ist, erzählt Kesete ihm auch von seiner Liebe.

Ich mag Maja sogar sehr.

Oha! Das verstehe ich. Sie ist ein ganz besonderes Mädchen.

Und deshalb muss ich jetzt schnell gehen, denn für ein besonderes Mädchen muss ich besonders gut kochen. Und natürlich für Sie, Herr Akman. Danke! Danke für alles.

Die beiden gehen zur Tür. Kesete ist schon an der Treppe, da sagt Herr Akman:

Bewahre dir deinen Mut. Du wirst ihn noch brauchen und er wird dir helfen.

---

bewahren: auf etwas gut aufpassen

06

Kapitel 6: Ein Rap für Maja

Auf dem Rückweg fühlt sich Kesete mindestens 10 Kilo leichter. Auch seine Gedanken scheinen zu fliegen, sie sind leicht, wie Vögel.

Ich werde das Geld für das Tonstudio selbst verdienen. Und es ist auch kein Problem, dass es noch etwas länger dauert. Jetzt ist keine Regenzeit in Eritrea, meine Familie braucht noch kein repariertes Dach. Alles wird gut.

Er kocht sein Lieblingsessen aus seiner Heimat: einen großen Topf Tsebhi mit Fleisch, Zwiebeln, frischem Gemüse und Chili. Dabei singt er einen neuen Rap. Einen Rap für Maja. Gestern war er super unfreundlich zu ihr. Das muss er heute wieder gutmachen. Er singt laut – nein – er singt super laut, weil er sich so sehr auf den Abend freut.

Pünktlich steht er mit seinem Topf vor Herrn Akmans Wohnung und klingelt. Maja öffnet die Tür.

Du?

Ja, ich. Gestern war nicht mein Tag. Entschuldigung. Ich war doof zu dir.

Tsebhi: *ein eritreisches Essen mit Fleisch, Gemüse und Chili*

der Chili: kleines, aber sehr scharfes Gemüse (rot oder grün)

wieder gutmachen: einen Fehler reparieren

Er nimmt den Deckel vom Topf. Maja schaut hinein und riecht. Dann lächelt sie. Und Kesete lächelt zurück. Herr Akman scheint nichts von der Geldaktion erzählt zu haben. Kesete fällt ein Stein vom Herzen.

---

jemandem fällt ein Stein vom Herzen: ein Problem geht weg

Sie gehen in Herrn Akmans Wohnung und Kesete stellt seinen Topf auf den Esstisch.

Herr Akman, ich habe das Essen gebracht und wünsche Ihnen allen einen guten Appetit.

Du bleibst natürlich hier und isst mit uns. Bitte setzt euch.

Da ist ja Kesete. Wie schön dich zu sehen. Ich habe dich gestern vermisst.

Ich weiß. Entschuldigung, aber gestern hatte ich keinen guten Tag.

Macht nichts. Heute bist du ja da.

Sie setzen sich an den Esstisch und Kesete freut sich sehr, dass er bleiben darf. Allen schmeckt das Essen besonders gut und Kesete muss genau erklären, wie er es gekocht hat. Nach dem Essen fragt Herr Akman:

Kesete, möchtest du etwas für uns singen?

---

vermissen: etwas /jmd. ist nicht da und das ist nicht schön

Ich … ääähhh … ich weiß nicht …

Was für eine wunderbare Idee!

Ja. Du musst unbedingt etwas singen. Ich kenne nur deine Songs im Internet. Die sind super!

Und wieder ist Kesete froh, dass er keine weiße Haut hat. Sonst würden jetzt alle sehen, wie er rot geworden ist. Rot wie die Liebe. Er will eigentlich nicht singen, weil er Angst hat. Aber heute ist sein mutiger Tag.

Also gut. Hier kommt mein neuester Rap. Aber er ist sehr kurz. Ich habe ihn heute erst geschrieben. Beim Kochen.

Darf ich ihn aufnehmen?

Erst will Kesete nein sagen, aber heute ist ja sein mutiger Tag, also nickt er. Kesete sucht in seinem Handy die Musik, drückt auf Start und singt:

---

nicken: mit dem Kopf ja sagen

Weit weg von der Heimat seh ich diese Frau, ich schwör,
sie ist so schön wie keine, so schön ist nur die eine.
Europa heißt Europa, weil Europa so schön war.
Maja ist viel schöner und der Rest der Welt heißt Maja.

Wenn ich sie seh, ich schwör, setzt mein Herz voll aus.
Wenn ich ihre Stimme hör, flipp ich total aus.
Oft hör ich sie durch meine Wand direkt im Nebenhaus.
Wenn sie mich nur einmal küsst, ist sicher alles aus.

Weit weg von der Heimat seh ich diese Frau, ich schwör,
sie ist so schön wie keine, so schön ist nur die eine.
Europa heißt Europa, weil Europa so schön war.
Maja ist viel schöner und der Rest der Welt heißt Maja.

Unsicher schaut Kesete alle an. Kurz ist es still. Man hört nur noch die Musik aus dem Handy. Keiner sagt etwas. Und dann rufen alle, dass das Lied super, toll, schön ist. Plötzlich steht Maja auf, geht zu Kesete und küsst ihn auf die Wange. Wieder ist Chaos in seinem Kopf, aber dieses Chaos fühlt sich gut an. Sehr gut sogar. Und es ist nicht alles aus. Im Gegenteil. Jetzt fängt es erst an!

schwören: ganz sicher die Wahrheit sagen

das Herz setzt aus: es schlägt nicht mehr

ausflippen: total glücklich sein

Super glücklich kommt Kesete an diesem Abend nach Hause. David ist auch da. Er sitzt am Computer.

Hallo Kesete.

Hallo David, mein Freund.

Was ist passiert? Ich habe gedacht, du liegst den ganzen Tag krank im Bett und dann das hier! Er zeigt auf den Monitor.

Was denn?

Schau selbst.

David drückt auf Start und plötzlich hört und sieht Kesete sich singen.

Schau mal. Der Rap ist seit drei Stunden online und hat schon 1000 Likes. Aber wer hat ihn aufgenommen und online gestellt?

---

der Monitor: → S. 8

Das war sicher Herr Akman. Ich habe ihm von meinen Plänen erzählt und deshalb hat er das Video aufgenommen.

Der kluge Herr Akman.

Stimmt. Aber warum haben sich so viele Menschen den Rap angehört?

Das ist doch klar. Schau dir das Video an. Wie du singst, wie du Maja ansiehst. Und sieh mal. Maja hat sogar Tränen in ihren Augen! Und der Kuss. Das sind echte Gefühle. Keine Technik. Einfach nur echt. Das ist super!

Ja, das ist super! Was für ein Tag! Heute Morgen wollte ich am liebsten gar nicht aufstehen und jetzt könnte ich die ganze Welt umarmen. Und wenn nicht die ganze Welt, dann doch mindestens Maja.

Was ist eigentlich passiert?

Sehr, sehr viel. Also pass auf. Es fing alles so an: ...

Und Kesete erzählt David alles, wirklich alles, denn David ist der tollste Freund auf der ganzen Welt.

die Träne: Wasser, das aus den Augen kommt

umarmen: die Arme um jemanden/etwas legen

ÜBUNGEN

zu „Wer ist wer?“ und Kapitel 1

1. Kesete. Was ist richtig? Kreuze an.

a Kesete hat keine Geschwister. ○
b Kesetes Familie lebt in Eritrea. ○
c Das Trinkwasser in seiner Heimat ist sauber. ○
d Seine Mutter schickt ihm Geld nach Deutschland. ○
e Kesete wohnt mit David zusammen. ○
f Kesete möchte Rapper werden. ○

2. Wer ist wer? Verbinde.

a		Gerda	1 ist Gerdas Nachbar.
b		Maja	2 ist Kesetes Freund.
c		David	3 ist Majas Großmutter.
d		Kesete	4 ist Gerdas Enkelin.
e		Herr Akman	5 ist Gerdas Nachhilfeschüler.

3. Kesete (K) oder David (D)? Ordne zu.

a K möchte ein berühmter Rapper werden.
b ...... ist meistens gut drauf und sehr sportlich.
c ...... mag Maja sehr.
d ...... hilft Kesete bei den Songtexten.
e ...... möchte seiner Familie jeden Monat Geld schicken.
f Die Eltern von ...... sind gestorben.

4. **Bei Kesete und David. Was passt? Ordne zu.**

in • ins • vom • vor

a Kesete steht ...... dem Spiegel und übt den neuen Rap.
b Zwei Songs hat er schon ...... Internet gestellt.
c David kommt ...... Fitnesstraining nach Hause.
d Wenn David ...... der Nähe ist, kann Kesete nicht traurig sein.

07 5. **Kesetes Rap. Hör zu. Was ist anders? Korrigiere.**

a Wir sind so ~~anders~~ und dennoch sind wir gleich,
verschieden
b dumm oder intelligent, schwarz oder weiß, ...
c reich oder arm, dünn oder dick, ...
d niemand ist super, niemand ist perfekt. ......
e Probleme gibt es überall, ich glaube, die hat keiner.
......
f Finde die Frage und suche nicht den Fehler.
......
g Red nicht so viel, das Leben ist kein Spaß, ...
h das Einzige, was hilft: Bleib ruhig. ......

zu Kapitel 2

1. **Wer spricht? Kesete (K) oder Gerda (G)? Ordne zu.**

a Ist im Bauch ein Kuchen, muss ich nicht lange suchen. ......
b Aus dir wird mal ein ganz großer Sänger. ......
c Weißt du, ob Afrika auch eine Frau war? ......
d Mir fällt auf, dass Maja in letzter Zeit sehr oft kommt. ......
e Möchtest du zum Abendessen bleiben? ......

08 2. Hör die Geschichte und ergänze die Verben im Perfekt.

mitnehmen • reisen • hören • leben
sich verlieben • lieben

Vor 3000 Jahren .... der griechische Gott Zeus von einer besonders schönen Prinzessin .... Sie ...... auf der anderen Seite des Meeres .... Er wollte sie unbedingt kennenlernen. Deshalb ...... er zu ihr .... Er ...... sich sofort in sie .... und sie nach Griechenland .... Ihr Name war Europa. Er ...... sie so sehr ...., dass er dem ganzen Kontinent den Namen Europa gegeben hat. Deshalb gibt es auf allen Euro-Geldscheinen ein kleines Bild von ihr.

zu Kapitel 3

09 1. Bring die Sätze in die richtige Reihenfolge. Hör dann zur Kontrolle.

- ◯ Nach dem Einkauf bringt Kesete Gerda das Restgeld.
- ◯ Im Bett betrachtet er den 100-Euro-Schein.
- ◯ Im Laden findet er einen 100-Euro-Schein.
- ① Kesete geht für Gerda einkaufen.
- ◯ Zu Hause geht er sofort ins Bett.
- ◯ Er hebt das Geld auf und steckt es in die Hosentasche.

2. Was passt? Ergänze.

trotzdem • weil • deshalb • denn • wenn

a Kesete geht oft einkaufen, ... kennt er den Laden schon gut.
b Niemand sieht traurig aus, ... er Geld verloren hat.
c Die Kassiererin lächelt freundlich, ... sie mag ihn.
d .... jemand etwas merkt, dann hat Kesete ein Problem.
e Jetzt hat Kesete 100 Euro, ... fühlt er sich nicht gut.

3. **Du findest einen 100-Euro-Schein. Was würdest du tun? Schreib einen kurzen Text.**

Ich würde ....

....

....

....

zu Kapitel 4

1. Was ist richtig? Kreuze an.

a Herrn Akmans Geldbeutel ist kaputt. ○
b Die 100 Euro gehören Herrn Akman. ○
c Kesete gibt das Geld sofort zurück. ○
d Herr Akman geht ohne Lebensmittel nach Hause. ○
e Kesete träumt von Europa. ○
f Der Traum war sehr schön. ○

10 **2.** Kesetes Traum. Hör zu und ergänze.

a Europa wächst und .... unter der Matratze.

b Zuerst .... sich die Matratze ein bisschen, dann immer .... und immer ....

c Seine Beine und Arme sind ....

d Kesete bekommt ....

e Er will laut ...., aber er hat keine Stimme mehr.

f ‚Ich werde ....', denkt er.

3. Finde das Gegenteil und verbinde.

a krank	1 lieb	f schön	1 dunkel
b steif	2 voll	g schwer	2 hässlich
c gemein	3 gut	h lang	3 jung
d schlecht	4 gesund	i alt	4 leicht
e leer	5 weich	j hell	5 kurz

zu Kapitel 5

1. Was ist richtig? Kreuze an.

a Kesete bleibt lange unter der Dusche, weil er ...
1 ○ David nicht treffen möchte.
2 ○ endlich sauber sein will.

b Kesete ruft im Tonstudio an, weil er ...
1 ○ die Adresse nicht weiß.
2 ○ absagen möchte.

c Kesete ist mutig und geht zu Herrn Akman, weil er ...
1 ○ ein schlechtes Gewissen hat.
2 ○ Herrn Akmans Kakao liebt.

2. Was passt zu wem? Verbinde.

a 

b 

1 ist aufgeregt.
2 ist mutig.
3 ist nicht sauer.
4 hat Angst.
5 versteht alles.
6 hat ein schlechtes Gewissen.

zu Kapitel 6

11 **1.** Majas Rap. Hör zu und ergänze die Verben in der richtigen Form.

sehen • ausflippen • aussetzen • schwören

a Er ...., dass sie so schön ist wie keine.
b Wenn er ihre Stimme hört, ... er total ....
c Wenn er sie ...., ... sein Herz voll ....

2. Schreib jetzt selbst einen Rap. Ordne zu.

Kuss • kaufen • Mut • stabil

Nach diesem wunderbaren .... (a)
ist mit dem Buch nun leider Schluss.
Sei nicht traurig, bleib .... (b),
von diesen Büchern gibt's noch viel.
Du musst nur zum Laden laufen,
dort kannst du das nächste .... (c).
Verliere niemals deinen .... (d),
dann wird bestimmt auch alles gut.

„Wer ist wer?" und Kapitel 1

1. b, e, f
2. a 3, b 4, c 2, d 5, e 1
3. Kesete: a, c, e, David: b, d, f
4. a vor, b ins, c vom, d in
5. a verschieden, b schlau, c fett, d perfekt, e jeder, f Lösung, g Spiel, h stabil

Kapitel 2

1. Kesete: a, c, Gerda: b, d, e
2. hat, gehört, hat, gelebt, ist, gereist, hat, verliebt, mitgenommen, hat, geliebt

Kapitel 3

1. 4, 6, 2, 1, 5, 3
2. a deshalb, b weil, c denn, d Wenn, e trotzdem
3. *individuelle Lösung*

Kapitel 4

1. a, b, e
2. a wächst, b hebt, schneller, höher, c steif, d Panik, e schreien, f sterben
3. a 4, b 5, c 1, d 3, e 2, f 2, g 4, h 5, i 3, j 1

Kapitel 5

1. a 1, b 2, c 1
2. a 1, 2, 4, 6, b 3, 5

Kapitel 6

1. a schwört, b flippt, aus, c sieht, setzt, aus
2. a Kuss, b stabil, c kaufen, d Mut